Christoph Huppenbauer

Vergebung – Zumutung des Glaubens

Herausforderung für kirchliches Handeln

Über den Autor

Christoph Huppenbauer wurde 1949 in Calw, Baden-Württemberg, geboren. Er studierte Ev. Theologie und Sozialpädagogik in Tübingen und Hamburg und erwarb den Master in *‚Pastoral Care'* am New York Theological Seminary (NYTS). Er war viele Jahre Gemeindepastor in Hamburg und Schwarzenbek sowie neun Jahre Mentor in der Vikariatsausbildung im Hamburger Predigerseminar an der Hauptkirche St. Katharinen. Zuletzt war er fünf Jahre Pastor für Personal- und Gemeindeentwicklung in Rendsburg. Darüber hinaus ließ er sich weiterbilden zum Meditationslehrer und Coach. Seit Beginn seines Ruhestandes 2012 lebt Christoph Huppenbauer mit seiner Ehefrau Käte in Neustadt in Holstein.

Christoph Huppenbauer

Vergebung – Zumutung des Glaubens

Herausforderung für kirchliches Handeln

Gedanken zum Schatten, über den zu springen

so schwer fällt

Steinmann

Dieses Büchlein ist Menschen gewidmet, die als Opfer oder Täter von Unrecht Befreiung suchen aus quälender Verstrickung. Textgrundlage ist ein Referat, das der Autor am 8. Juli 2014 in der Jerusalem Akademie in Hamburg gehalten hat.

Erste Auflage

ISBN 978-3-927043-61-9
Covergestaltung: Elsa von Rahden, Kassel
Autorenfoto: Christoph Huppenbauer, privat
Herstellung: BoD - Books on Demand, Norderstedt

www.steinmannverlag.de

Inhaltsverzeichnis

Teil 1

A. Einleitung und aktueller Bezug

„Wie? Auch wir vergeben unseren Schuldigern?“ Mit dieser provozierenden Verfremdung hat der Alttestamentler Jürgen Ebach es auf den Punkt gebracht, dass, einem Täter seine Schuld zu vergeben, alles andere als selbstverständlich ist.[i]

Gerade Amtsträger christlicher Kirchen scheinen sich schwer zu tun mit dem im Vaterunser erklärten Versprechen, den „Schuldigern“, d.h. den Tätern von Unrecht, zu vergeben, so wie sie für sich selbst ebenso Vergebung von Gott für ihre eigene begangene Schuld erbitten. Das scheint insbesondere dann zu gelten, wenn die inzwischen von den Kirchen anerkannte eigene Schuld, etwa ihre Verstrickung in die Unrechtstaten der Naziideologie oder das jahrelange Ignorieren von Gewalt und sexuellem Missbrauch in Fürsorgeeinrichtungen der Diakonie oder gegenüber ihnen anvertrauten Kindern und Jugendlichen in der kirchlichen Gemeindearbeit, sie neuerdings zur Verarbeitung ihres begangenen Unrechts veranlasst. So wichtig es ist, offenkundige Schuld ohne jede Verharmlosung als solche zu benennen und insbesondere gegenüber den Opfern solchen Unrechts die eigene Schuldverstrickung nicht zu verschweigen, ihnen vielmehr ihre unantastbare Würde zuzusprechen und Hilfe zur bestmöglichen seelischen, sozialen und materiellen Rehabilitation anzubieten – so wichtig das alles ist, bleibt doch darüber hinaus die Frage zu klären, was die im Vaterunser eingegangene Selbstverpflichtung, auch den Tätern von Unrecht die Schuld zu vergeben, konkret bedeuten kann. Andernfalls verkommt dieses Versprechen zur leeren Phrase.

B. Das Vergebungsgebot und das menschliche Bedürfnis, seinem Anspruch auszuweichen

Warum fällt es so schwer, anderen zu vergeben? Jeder hat es schon selbst am eigenen Leibe erfahren: Wenn mir Unrecht getan wurde, dann bin ich in der Regel zuallerletzt bereit zu vergeben. Zunächst überwältigen uns meist Emotionen: Verletzung, Enttäuschung, Wut, Zorn, Hass, Angst und alle Arten von Schockreaktionen – und genauso selbstverständlich melden sich die Affekte: Weinen, Wüten, Schimpfen, Zurückschlagen oder sich ängstlich Verkriechen. Auch nicht unmittelbar Betroffene können in ihrer Empörung über den Täter und dessen Tat sowie in ihrem Mitgefühl für die Opfer von solchen Emotionen ergriffen werden. Aus diesen Emotionen und Affekten wächst dann in der Regel, wenn das Bewusstsein sich hinzu meldet, das Bedürfnis nach Rache und Vergeltung – oder etwas kontrollierter und rationaler, nach Bestrafung der bösen Tat. Bis es aus einer solchen emotional bestimmten Gemengelage zur Vergebung kommen kann, ist es ein weiter Weg.

Ein erster Schritt dahin ist, was wir schon früh lernen mussten: uns zu beherrschen; d.h. dafür zu sorgen, dass nicht Affekte und Emotionen, sondern dass das Bewusstsein die Kontrolle über die Gefühle und die Herrschaft über das Handeln gewinnt. Doch der Impuls, Genugtuung zu fordern, und das Bedürfnis nach einem wie auch immer gearteten Ausgleich für das erlittene Unrecht steuern in der Regel auch die Richtung unseres Bewusstseins. Wenigstens Gerechtigkeit soll wieder hergestellt werden. Übrigens: Prüfen Sie mal den Begriff ‚Gerechtigkeit' daraufhin, was er im Zusammenhang mit ‚Vergebung' bedeutet.

Exkurs zum Begriff Gerechtigkeit

Meist wird damit das Bedürfnis nach Vergeltung umschrieben. „Ich verlange Gerechtigkeit", wird gefordert. In Wirklichkeit ist damit jedoch Bestrafung gemeint oder Kompensation, etwa die Leistung von Schmerzensgeld oder eine sonstige sog. „Wiedergutmachungsleistung" als Ausgleich für erlittenes Unrecht. Dieses soll gesühnt werden. Man könnte hier von einer **absoluten Vergeltungsgerechtigkeit** sprechen. Vergebung hat darin keinen Platz.

Davon zu unterscheiden, ist das Gerechtigkeitsverständnis, dem sich eine moderne, aufgeklärte Rechtsprechung verpflichtet weiß. So kann etwa die staatliche Verfolgungsverpflichtung von Straftaten nach einer gewissen Zeit eingeschränkt oder gar aufgehoben werden, z.B. durch Verjährung. Insbesondere aber ist dem Staat auferlegt, auch die Individualität des Täters bzw. der Täterin (im Folgenden maskuliner Gebrauch) bei der Festlegung des Strafmaßes zu berücksichtigen. Man könnte es **relative Vergeltungsgerechtigkeit** nennen. Denn es geht nicht nur darum, die böse Tat zu sühnen, sondern auch darum, dem Täter gerecht zu werden. In diesem Verständnis ist es vorstellbar und gängige Praxis, dass einem Täter aufgrund der besonderen Umstände der Tat (z. B. „Notwehr“, „Mundraub“ etc.) bzw. der persönlichen Voraussetzungen (z.B. „minderjährig“, „unzurechnungsfähig“ etc.) ganz oder wenigstens teilweise vergeben werden kann. Man sollte sich jedoch bewusst machen, dass eine solche Relativierung des Sühnebedürfnisses sich nicht aus der menschlichen Natur, sondern von einer apriorischen Glaubensüberzeugung ableitet, die – theologisch gesprochen – in der Würde des Menschen als „Gottes Ebenbild“ gründet und mit der Aufklärung gewissermaßen säkularisiert wurde. Im Artikel 1 unseres Grundgesetzes heißt es dementsprechend: „Die Würde des Menschen ist unantastbar.“ Aus diesem Grunde gehört es zum Wächteramt der Kirche, die Öffentlichkeit sowie die politischen und juristischen Instanzen des Staates immer wieder daran zu erinnern, dass auch Tätern von gravierendem Unrecht ihre unantastbare Menschenwürde nicht verweigert werden darf; denn sie sind und bleiben Ebenbild Gottes.[ii]

Schließlich kennt die Theologie, insbesondere die lutherische Rechtfertigungslehre, den Begriff der *„Gerechtigkeit aus Gnade“* bzw. *„Gerechtigkeit, die vor Gott gilt“*. Für diese ist die Vergebung durch Gott nachgerade konstitutiv. Gerechtigkeit in diesem Sinne könnte man darum im Gegensatz zur eben genannten Vergeltungsgerechtigkeit **Vergebungsgerechtigkeit** nennen. Damit soll ausgesagt werden, dass ohne Vergebung der prinzipiell sündige Mensch in seiner Schuld gefangen bleibt. Das ist der Kern des biblischen Zeugnisses schon in der hebräischen Bibel[iii] und wird insbesondere bei Paulus theologisch entfaltet. Jochen Klepper hat dies in seinem Lied *„Er weckt mich alle Morgen“* wunderbar in die Worte gefasst: *„Gott reißt mich aus den Banden. Er macht mich ihm genehm“.*

Die Entsprechung zu diesem Vergebungshandeln Gottes ist nach dem Vaterunser das Vergebungshandeln dessen, dem Schuld angetan wurde, gegenüber dem, der diese Schuld auf sich geladen hat: *„… wie auch wir vergeben unseren Schuldigern“*, sowie die uneingeschränkte Aufforderung an alle: *„Wie Christus euch vergeben hat, so vergebt auch ihr!“* (Kol 3,13).

These 1:

Vor diesem Hintergrund lautet meine vielleicht etwas provozierende These:

Vergebung widerspricht der Natur des Menschen; Vergebung ist darum alles andere als selbstverständlich. Für Christen ist sie eine Zumutung ihres Glaubens.

Ich will das erläutern:

Die Natur sucht um ihrer Selbsterhaltung willen die lebendige Balance und den Ausgleich der in ihr wirkenden Kräfte. Diese sind komplementär, d.h. vereinfacht ausgedrückt: Zu jedem Impuls gibt es einen Gegenimpuls, jede Aktion sucht ihre Reaktion. Leben bedeutet das Schwingen im Spannungsfeld dieser Kräfte in der ständigen Suche nach Ausgleich. Das gilt auch für das soziale Leben in zwischenmenschlichen Systemen. Ein Unrecht, das einem Menschen zugefügt wird, wird als Verletzung der Balance erlebt und weckt als Reaktion das Bedürfnis nach Genugtuung bzw. nach Gerechtigkeit im Sinne von Vergeltung.

Das christliche Vergebungsgebot lässt sich darum auch verstehen als eine Verweigerung dieses Ausgleichs und damit als ein Affront gegen die Dynamik der Natur und das Zusammenleben der Menschen, als ein Verstoß gegen das universale *quid pro quo*.

Weil jedoch kein Mensch, keine Religion, auch nicht der christliche Glaube, die Dynamik der Natur außer Kraft setzen kann, haben die biblische Tradition und nachfolgend die christliche Lehre und die kirchlichen Autoritäten nach meiner Überzeugung verschiedene Auswege gefunden, die es erlauben, den unmissverständlichen Anspruch des Vergebungsgebotes nicht wirklich ernst zu nehmen, d.h.: diesen Anspruch zwar formal aufrecht zu erhalten, ihm aber in Wirklichkeit auszuweichen.

Mit der Eröffnung solcher Auswege hat die Kirche in ihrer Geschichte versucht, der Natur des Menschen Rechnung zu tragen und den von diesem Gebot scheinbar überforderten Gläubigen entgegen zu kommen. Gleichzeitig ist es ihr damit gelungen, über Jahrhunderte hinweg eine unangefochtene und schwer durchschaubare Macht über die Seelen von Menschen auszuüben.

Diese „Auswege“, wie ich sie hier nenne, decken sich teilweise, sofern sie allgemein menschliche Reflexe sind, mit dem in der Psychologie als „Abwehrmechanismen“ beschriebenen Phänomenen.[iv]

C. Auswege, um dem Anspruch des Vergebungsgebotes auszuweichen

1. Leugnung, Verharmlosung, Verdrängung etc.

Ich nenne zunächst die bekannten Verhaltensmuster, die bei Tätern und/oder Opfern einen klaren Blick auf das geschehene Unrecht verhindern und eine echte Verarbeitung oder gar Vergebung unmöglich machen.

Dazu gehören vor allem bewusste Irreführung, Verschweigen, Verleugnung, Vertuschung, Verharmlosung, Selbstrechtfertigung, Verdrängung usw. Ich will hier nicht im Einzelnen darauf eingehen. Diesen Phänomenen liegen auf Seiten der Opfer oft deren traumatische Erfahrungen von Unrecht und die damit einhergehende Scham zugrunde.

Auf Seiten der Täter ist es vielfach die Angst vor der Offenlegung der Schuld und den zu erwartenden Folgen, oft ebenfalls verbunden mit der Scham, dass mit einem möglichen Eingeständnis die mühsam vor sich selbst und vor anderen aufgebaute Fassade eines ehrenwerten Menschen zerstört werden könnte.[v]

Ein berühmtes biblisches Beispiel für diesen Vorgang ist das Verhalten der Söhne Jakobs gegenüber ihrem Vater. Nachdem diese ihren Bruder Joseph nach Ägypten verkauft hatten, behaupteten sie vor ihm, er sei von einem wilden Tier getötet worden, und legten als angeblichen Beweis seinen in Ziegenblut getränkten Rock vor (Gen. 37,32).

Oft werden, wenn die Schuld nicht mehr geheim zu halten ist, vonseiten der Täter alle möglichen Rechtfertigungsgründe vorgetragen, warum es keine andere Handlungsalternative gegeben habe.

Schließlich kann es für beide, Opfer und Täter, dazu kommen, dass das geschehene Unrecht ins Unterbewusstsein verdrängt wird. Dieses scheint zu „ahnen", dass mit der Erkenntnis der Verletzung und dem Eingeständnis von Schuld eine pragmatische Bewältigung des weiteren persönlichen Lebens gefährdet wäre.

Grundsätzlich kann festgestellt werden: Solange die Opfer das geschehene Unrecht und sein Ausmaß aus welchen Gründen auch immer für sich behalten und solange die Täter in der Erkenntnis oder Einsicht ihrer Schuld blockiert sind, oder auch ihrer Schwere die Anerkennung verweigern, wird es auf der menschlichen Ebene keine konstruktive Verarbeitung von Unrecht und schon gar keine Vergebung geben können. Wie es mit der Vergebung durch Gott aussieht, dazu später.

2. Kompensation

Wenn die schuldhafte Tat und ihr Gewicht jedoch offenkundig sind, kann die Zumutung an die Geschädigten, dem „Schuldiger", d.h. dem Täter, vergeben zu sollen, oft dadurch entschärft werden, dass dieser die Vergebung oder wenigstens eine Art von sozialem Frieden durch eine Gegenleistung erkauft. Man nennt das gewöhnlich „Sühne“ oder „Kompensation“. Das ist auch die Absicht der biblischen Sühne- und Schuldopfertradition: Gottes Vergebung wird durch ein Opfer erkauft. Ein solcher Vorgang spiegelt sich auch im Ablasshandel des Mittelalters wider. Diesem Grundgedanken entspricht ebenso die Deutung des Kreuzestodes Jesu als „Opfer für unsere Sünden“, durch die *„des Vaters Zorn“* versöhnt und damit unsere Erlösung *„erkauft“* wird.

3. Stellvertretung

Nah verwandt damit ist der Gedanke der Stellvertretung:

Gott stiftet in seiner Liebe und Barmherzigkeit selbst die Gegenleistung, nämlich das Opfer, das ihm Genugtuung verschafft, das er braucht, damit sein Zorn besänftigt werde. Zuerst ist es lediglich ein Widder (siehe Gen. 22), den er sich *„zum Opfer ausersieht“*. Dieser wird als *Sündenbock* geschlachtet oder in die Wüste gejagt. Später gibt Gott sogar seinen eigenen Sohn als *Opferlamm für unsere Sünden* dahin, um den notwendigen Ausgleich zu schaffen.

Das solchem Denken zugrunde liegende Gottesbild ist ein eigenes Problem.

4. Usurpation

Mit diesem Begriff umschreibe ich den Vorgang, dass ein von seinem Herrn beauftragter Verwalter die Entscheidungsgewalt über seinen Auftrag an sich reißt („usurpiert") und damit die mit dem Auftrag verbundene Absicht seines Herrn konterkariert oder gar verrät. Im Blick auf Vergebung meine ich den Mechanismus, dass sich die Kirche auf ihre Schlüsselgewalt beruft und mit ihrem Anspruch als allein seligmachende Instanz die Kriterien bestimmt, anhand derer sie über Zuspruch und Verweigerung von Vergebung entscheidet. Darüber hinaus setzt sie auch noch die Art und Höhe von Bußleistungen als Vorbedingung bzw. Folge der Vergebung fest. In Verbindung mit weltlicher Macht und uneingeschränkter Deutungshoheit über die Auslegung des Evangeliums ist die Gefahr des Missbrauchs der göttlichen Vergebungszusage unmittelbar gegeben. Einen Zugang zur göttlichen Barmherzigkeit gibt es nur nach Passieren der kirchlichen Einlasskontrollen. Die Verweigerung eines Einreisevisums ins Himmelreich durch kirchliche Instanzen hat im schlimmsten Fall dann nicht nur lebenslängliche, sondern ewige Verdammnis zur Folge. So kann man sich die Gläubigen vortrefflich gefügig halten.

Mir geht es hier nicht darum, einseitig entsprechende Praktiken der röm.-kath. Kirche, insbesondere des Mittelalters, kritisch zu beleuchten. Nein, die Versuchung, die Liebe Gottes und seine Vergebungsbereitschaft als ein Instrument zur Disziplinierung der Gläubigen zu missbrauchen, sehe ich in allen geistlichen Kreisen gegeben, die für sich ein exklusives Wissen über die wahren Absichten Gottes beanspruchen. Z.B. gab es Ähnliches im Rahmen der calvinistischen Praxis der „Kirchenzucht", insbesondere in Holland. Den frommen evangelikalen Kreisen meiner schwäbischen Heimat, seien sie katholischer oder evangelischer Provenienz, hat der Psychoanalytiker Tilmann Moser mit seinem Büchlein „Gottesvergiftung"[vi] dafür ein beschämendes Denkmal gesetzt.

5. Abspaltung

Im Rahmen der vor allem im Luthertum ausgeprägten Zwei-Reiche-Lehre sehe ich einen Prozess, den ich ‚Abspaltung' nennen möchte. Ich meine damit, dass *„das Reich zur Linken"*, nämlich die weltliche Obrigkeit, vom Vergebungsgebot ausgenommen wird. Das weltliche Regiment hat vielmehr in einem ordnungspolitischen Sinn der Gerechtigkeit im Sinne von Vergeltung zu dienen. Ihr Symbol ist das Schwert. Es können darüber hinaus mildernde bzw. verschärfende Umstände zum Tragen kommen, die das Strafmaß verändern (s. o). Doch es gilt das Prinzip, dass durch die Jurisdiktion des Staates die menschliche Natur mit ihrem Streben nach Ausgleich wieder ins Recht gesetzt und der soziale Friede wieder hergestellt werden soll. Im sozialen Zusammenleben, in der Wirtschaft und Politik spielt „Vergebung" daher kaum eine Rolle, allenfalls als paternalistischer Gnadenerweis der Obrigkeit oder – Gott sei Dank – immer wieder auch im privaten Bereich menschlicher Beziehungen.

Was immer man von diesem „Ausweg" der Abspaltung halten mag, in einem sollten sich die Vertreter christlicher Kirchen einig sein: Das eindeutige Vergebungsgebot unseres Glaubens sollte es ausschließen, dass kirchliche Amtsträger sich wie schärfere Staatsanwälte oder Richter gebärden und den humanen Fortschritt einer relativen Vergeltungsgerechtigkeit (s.o.) und einer rechtsstaatlichen Strafverfolgungspraxis durch emotionalisierte Stimmungsmache gegen Straftäter oder auch durch Forderungen – z.B. nach der Verschärfung von Strafgesetzen und nach Aufhebung von Verjährungsfristen – konterkarieren. Das ist nicht deren Amt.

6. Spiritualisierung

Vergebung wird hier zu einem Akt der individuellen Vergewisserung und spirituellen Erbauung. Sie findet nach der Zwei-Reiche-Lehre ihre Nische im sog. *„Reich zur Rechten"*, d.h. in der unmittelbaren Gottesbeziehung, die insbesondere im Ritus (Beichte, Eucharistie, Abendmahl u.ä.) ihre kirchlich ausgeprägte Gestalt findet. Doch besteht dabei die Gefahr, dass Vergebung zu einem für das soziale Miteinander unverbindlichen Anspruch reduziert wird. Damit verbunden ist die

7. Individualisierung

Vergebung beschränkt sich hier auf den individuellen Heilszuspruch aufgrund persönlicher Schuld: entweder durch Absolution nach vorhergehender Beichte oder in der individuellen Seelsorge bzw. in der Einzelbeziehung von Mensch zu Mensch. Diese Einschränkung auf das Individuum spiegelt sich z.B. in den Rahmenbedingungen der Gefängnisseelsorge wider. Dieser ist untersagt, sich offiziell zu strukturellen Fragen von Gerichtsverfahren oder des Strafvollzugs zu äußern, selbst bei offenkundigen Fehlurteilen. Wohingegen durchaus Raum gewährt wird für Seelsorge und individuelles Vergebungsgeschehen, d.h. für den Zuspruch der „Gerechtigkeit vor Gott".

8. Verschiebung

Darunter verstehe ich, dass der Ausgleich für begangenes Unrecht auf Gott übertragen, d.h. auf ihn verschoben wird. Ein dramatisches Beispiel der Verschiebung eines elementaren Rachebedürfnisses auf Gott zeigt sich in Psalm 137,7-9: *„Herr, vergiss den Söhnen Edom nicht, was sie sagten am Tage Jerusalems: ‚Reißt nieder, reißt nieder bis auf den Grund!' Tochter Ba-*

bel, du Verwüsterin, wohl dem, der dir vergilt, was du uns angetan hast! Wohl dem, der deine jungen Kinder nimmt und sie am Felsen zerschmettert." Erschreckende Rachegefühle werden hier zwar ausgedrückt, aber im Medium eines Psalmgebetes aus der Hand gegeben und Gott anvertraut. Sie brauchen dann nicht mehr realiter ausgelebt werden. Es wird Gott anheimgestellt, ob oder wie sie vollstreckt werden. So heißt es in Dtn. 32: *„Ist dies nicht bei mir verwahrt und versiegelt in meinen Schatzkammern? Mein ist die Rache, spricht Gott. Ich will vergelten"* (Dtn. 32, 34 u. 35 aufgenommen in Röm. 12,19 u. Hebr. 10,30). Was Gott anvertraut wird, selbst sadistische Impulse, braucht die eigene Seele nicht mehr zu belasten. Sie sind allein Gottes Sache. Er erinnert den Menschen daran, dass dieser ihm nicht dreinzureden habe: *„Wem ich gnädig bin, dem bin ich gnädig; und wessen ich mich erbarme, dessen erbarme ich mich"* (2. Mose 33,19).

9. Projektion

bedeutet es dann, wenn ich Gott trotzdem dreinrede, wenn ich die Entscheidungsgewalt nicht aus der Hand geben will und mich damit über Gott setze und ihn zum Erfüllungsgehilfen meiner Vergeltungsphantasien mache. Ein Beispiel ist die Fortsetzung der Aussage Gottes *„Mein ist die Rache"* in Dtn. 32, wenn es da heißt: *„Sehet nun, dass ich allein es bin und ist kein*

Gott neben mir! … Wenn ich mein blitzendes Schwert schärfe und meine Hand zur Strafe greift, so will ich mich rächen an meinen Feinden und denen, die mich hassen, vergelten. Ich will meine Pfeile mit Blut trunken machen, und mein Schwert soll Fleisch fressen, mit Blut von Erschlagenen und Gefangenen, von den Köpfen streitbarer Feinde!" Es folgt der blutrünstige Lobpreis des Gottesvolkes: *„Preiset, ihr Heiden, sein Volk; denn er wird das Blut seiner Knechte rächen und wird an seinen Feinden Rache nehmen und entsühnen das Land seines Volkes."* Das meine ich mit Projektion: Gott soll das Bedürfnis Israels nach Vergeltung befriedigen. Er wird zum Lakaien der Menschen.

10. Systemimmanente Verblendung

Ein besonderes Schulddilemma stellt das dar, was ich hier als systemimmanente Verblendung bezeichnen möchte. Damit meine ich die gesellschaftliche Duldung, Anerkennung, ja, manchmal gar Forderung von Unrecht. Die Täter und natürlich auch die Opfer mögen die Untat zunächst ganz elementar spüren, doch sie sind so sehr gefangen in ihren herrschenden kulturellen und strukturellen Wertesystemen, dass sie das in ihrem Verhalten liegende Unrecht meist recht bald verdrängen oder gar als notwendig rechtfertigen. Erst ein Paradigmenwechsel und ein veränderter Deutungsrahmen offenbaren die Schuld. Ein Beispiel ist die Rolle des Soldaten in den meisten

Kriegen der Vergangenheit und oft heute noch: Er tötet, brandschatzt, foltert, vergewaltigt gar – oft aufgrund von Befehlen. Dem Gegner wird seine Menschenwürde verweigert, weil er der Feind ist und weil insbesondere in Kriegssituationen in nahezu allen Armeen der Welt der Befehlsgehorsam das eindeutig höhere Gewicht hat als die Achtung der Menschenwürde. Die Erkenntnis von Schuld wird auf diese Weise erschwert, wenn nicht gar unmöglich gemacht. Berühmt wurde der Ausspruch des ehemaligen Nazirichters und späteren Ministerpräsidenten von Baden-Württemberg, Hans Filbinger, der wegen eines von ihm verhängten Todesurteils in den letzten Kriegstagen sagte: *„Was damals rechtens war, kann heute nicht Unrecht sein."*

Ähnlich verhält es sich mit der jahrtausendealten Unterdrückung der Frau in ihren vielfältigen Facetten. Ein dramatisches Beispiel ist die in vielen afrikanischen Ländern als normal geltende Genitalverstümmelung von Mädchen. Nach UNICEF-Angaben sind 91% der Ägypterinnen zwischen 15 und 49 Jahren beschnitten.[vii] Auch das ist sexualisierte Gewalt, fast ausnahmslos von Frauen an kleinen Mädchen ausgeübt. Trotz des erlittenen Schmerzes halten selbst viele der Opfer diese schreckliche Prozedur und Tradition aufrecht und liefern später sogar ihre eigenen Kinder diesem traumatisierenden Ritual aus. Manche werden später selbst Beschneiderinnen. Es bedarf eines veränderten Werteparadigmas und des Wechsels in eine andere Kultur, damit sich diese Praxis als schreiendes Unrecht offenbart.

Möglicherweise trägt das in letzter Zeit auch in meiner Kirche immer wieder geäußerte Bedauern, dass im Hinblick auf das Verbrechen des sexuellen Missbrauchs die Instrumente der Strafverfolgung wegen Verjährung oft nicht mehr greifen, Züge einer systemimmanenten Verblendung. Ob sich kirchliche Würdenträger und besorgte Mitchristen bewusst sind, welchen Bedingungen sie die Täter trotz des hehren Mantels der Rechtsstaatlichkeit ausliefern würden, wenn sich ihr Wunsch erfüllte? Ich glaube kaum. In der Gefängnishierarchie steht, wer zu Recht oder auch zu Unrecht als „Kinderschänder" gebrandmarkt ist, ganz unten.[viii] Was das für den Verurteilten konkret bedeuten kann, welche Übergriffe, Demütigungen und Ängste, will ich mir nicht einmal in der Fantasie vorstellen. Selbst hartgesottene Täter werden zu jammervollen Opfern, von sensiblen Menschen ganz zu schweigen. Die Verblendung scheint mir in der Illusion vieler Kirchenleute zu liegen, dass, wenn eine Gefängnisstrafe rechtsstaatlich sanktioniert ist, diese damit auch ethisch und moralisch gerechtfertigt sei – sowie in der Tatsache, dass die Frage der Vergebung völlig ausgeblendet wird. Oder versteckt sich bei einigen hinter dem Wunsch nach strafrechtlicher Bewertung der Taten und abschließendem Urteilsspruch vielleicht doch auch das klammheimliche und doch so natürliche Vergeltungsbedürfnis: *Auge um Auge, Zahn um Zahn* – Trauma um Trauma?

Ein großartiges biblisches Beispiel einer systemimmanenten Verblendung, aber auch der nachfolgenden Schulderkenntnis aufgrund eines Paradigmenwechsels ist das Verhalten des Missbrauchstäters, Mörders und Königs von Israel, David, nachdem er sich die schöne Bathseba als seine Geliebte angeeignet und ihren Ehemann Urija in den Tod geschickt hatte. Als orientalischer Despot und ehemaliger Anführer einer Söldnerbande hatte er damit keine Skrupel. Erst durch das berühmte Gleichnis des Propheten Nathan und dessen Schuldspruch: *„Ata ha isch – du bist der Mann"* (2. Sam. 12,7), erkennt David sein Unrecht. Er bittet Gott daraufhin um Vergebung.

Wie befreiend und was für ein wunderbares Beispiel gelungener Versöhnung ist es, dass auch das Volk Israel in seiner Geschichte gelernt hat, David zu vergeben, ohne dabei diese und andere Schreckenstaten seiner Herrschaft zu verharmlosen! Ja, spätere Generationen verknüpften sogar ihre Messiashoffnungen, das Kommen des Erlösers, mit seinem Namen.

Die schönsten Psalmen schrieben sie ihm zu, u.a. Psalm 103, in dem es heißt: *„Lobe den Herrn meine Seele, ... der dir alle deine Sünden vergibt. ... Barmherzig und gnädig ist der Herr, geduldig* *und von großer Güte."* So kann echte Vergebung unter dem Segen Gottes aussehen. Warum soll ein solcher Lernprozess der Vergebung unter Christen nicht ebenfalls möglich sein?

11. Vertröstung bzw. Drohung: das perfide Spiel mit der Angst vor dem *Jüngsten Gericht*

Apokalyptische biblische Zeugnisse der jungen Christengemeinden und die darauf aufbauende kirchliche Lehre vom Jüngsten Gericht verheißen Genugtuung für die Frommen und Bestrafung für die Gottlosen, d. h. die Wiederherstellung der durch Unglauben und menschliche Bosheit aus dem Lot geratenen Balance, allerdings erst nach dem Tod bzw. bei der *„Wiederkunft des Herrn"*. Dem irdischen Jammertal derer, die *„getreu bis in den Tod"* (Offb. 2,10) waren, wird die ewige Verdammnis der Ungläubigen und Übeltäter gegenüber gestellt. *„Da wird sein Heulen und Zähneklappern"* (Mt. 8,12).

Das Jüngste Gericht bedeutet danach das Ende der Vergebungsbereitschaft Gottes (*„Chance gehabt, Chance vertan!"*). Aus dem barmherzigen wird der strafende Gott, aus dem Jesus des Vaterunsers der Weltenrichter.

Doch ich frage ernsthaft: Brauchen wir für unser Seelenheil, für unsere innere Balance, einen Gott, der, wenn er es schon jetzt nicht tut, so doch am Ende der Zeiten die Bösen in die Verdammnis schickt? Macht uns das tatsächlich freier? Ich glaube nicht. Ich bin im Gegenteil davon überzeugt, dass wir, wenn wir auf späte Rache im Jüngsten Gericht hoffen, uns selbst mit der Angst infizieren, die ewige Verdammnis könnte vielleicht auch uns treffen. Statt im Vertrauen auf Gottes Barmherzigkeit innerlich frei zu werden, überfallen uns viel eher die Skrupel religiöser Neurosen. Es ist schon richtig: *„Wer andern eine Grube gräbt, fällt selbst hinein."* Ich baue lieber auf den Zuspruch Jesu: *„Meinen Frieden gebe ich euch. Nicht gebe ich, wie die Welt gibt. Euer Herz erschrecke nicht und fürchte sich nicht"* (Joh. 14,27).

Darum kann ich nicht mehr glauben, dass Gott im Jüngsten Gericht mit einem Mal ein ganz anderer sein soll, dass dann nicht mehr Gnade und Barmherzigkeit sein Handeln bestimmen, sondern dass er gibt, *„wie die Welt gibt",* nämlich wie ein grausamer Rächer, aufrechnend und vergeltend, belohnend und bestrafend.

Heute gibt mir mein Glaube eine andere Antwort: Ich vertraue darauf, dass Gott sich von Anfang bis zum Ende treu bleibt als ein barmherziger und vergebender Gott.

Ich orientiere mich an dem Wort Jesu: *„Seid barmherzig, wie auch euer Vater im Himmel barmherzig ist"* (Luk. 6,36). Sein Gericht ist nicht Strafe und Verdammung, sondern Gnade und

Barmherzigkeit. Das Reden vom Jüngsten Gericht macht für mich darum nur dann Sinn, wenn unmissverständlich klargestellt ist, dass nicht unsere menschliche *Vergeltungsgerechtigkeit*, sondern die zuvor beschriebene *Vergebungsgerechtigkeit* der Maßstab für das Handeln Gottes ist. Hier findet die *„Gerechtigkeit, die vor Gott gilt"* ihre ultimative Bestätigung. So verstanden kann auch die Erwartung der *Wiederkunft Christi* ein Ausdruck unserer uneingeschränkten Glaubenshoffnung werden, wie Arno Poetzsch es so wunderbar ausgedrückt hat: *„Es münden alle Pfade durch Schicksal, Schuld und Tod doch ein in Gottes Gnade trotz aller unsrer Not. – Wir sind von Gott umgeben auch hier in Raum und Zeit und werden in ihm leben und sein in Ewigkeit"* (EG 533).

Angesichts einer solch tröstlichen Hoffnung entlarvt sich jede angstmachende Drohung vor dem Jüngsten Gericht als perfide Gottesvergiftung. Doch leider werden bis heute unter Bezugnahme auf apokalyptische biblische Texte und die darauf aufbauende kirchliche Dogmatik mit dem Hinweis auf das „Jüngste Gericht" dem Vertrauen in den barmherzigen Gott ein paar Tropfen dieses tödlichen Giftes untergemischt. Die Versuchung der Manipulation der Gläubigen durch das Mittel der Angst ist einfach zu groß.

D. Der Mensch, gefangen im Teufelskreis

Ich glaube, dass Vergebung lediglich auf der horizontalen Ebene, allein auf der Basis von Mensch zu Mensch, im Kern unmöglich ist. Sie dennoch den Menschen im Sinne einer moralischen Norm aufzudrücken, schafft keinen Ausgleich, keinen inneren Frieden.

Andererseits bin ich auch davon überzeugt: Ohne Vergebung gibt es ebenfalls keinen Ausgleich, weder einen äußeren noch einen inneren Frieden. Ohne Vergebung bleiben wir gefangen im ständigen Wechselspiel von böser Tat und dem Drang nach Vergeltung. Wir nennen das einen Teufelskreis.

Dieser funktioniert so: Jede böse Tat auf der einen Seite provoziert als Ausgleich die Vergeltung in Gestalt einer wie immer gearteten Heimzahlung durch die andere Seite. Diese Heimzahlung wiederum wird von der Gegenseite, d.h. der Seite, die die ursprüngliche Tat begangen hat, nicht als natürlicher Impuls zum Ausgleich verstanden, sondern als eine böse Tat der anderen Seite, die wiederum zu ihrem Ausgleich die Vergeltung der eigenen Seite nötig macht.

In einem solchen Teufelskreis ist dann nicht mehr auszumachen, wer der eigentlich Schuldige ist. Jeder fühlt sich als Opfer und wird gleichzeitig von der anderen Seite als Täter bezichtigt. Beide sind ineinander verstrickt in Schuld und Rache und im gegenseitigen Vorwurf der bösen Tat.[ix] Im Teufelskreis gilt das bereits von Schiller in seinem Drama „Wallenstein“ formulierte Diktum: *„Es ist der Fluch der bösen Tat, dass sie fortwährend Böses muss gebären.“*

Es bleiben die Fragen: Wie kommen wir aus diesem Teufelskreis heraus? – und:

Gibt es eine Gestalt der Vergebung, die das leisten könnte?

Teil 2

A. Das Vergebungsgebot und die göttliche Dimension

Meine Antwort auf diese Fragen und meine persönliche Glaubensüberzeugung entwerten nicht die Eingangsthese, dass Vergebung der menschlichen Natur widerspricht, aber sie gehen darüber hinaus:

These 2:

Befreiung aus dem Teufelskreis des Bösen kann mit Gottes Hilfe gelingen.

B. Die Gottesbeziehung als dritte Instanz

Meines Erachtens braucht es notwendig ein Tertium, eine dritte Instanz, die von beiden Seiten als Autorität anerkannt ist und das Potential hat, die mit der Zumutung der Vergebung verbundenen Widerstände und Emotionen aufzufangen und zu befrieden. Dieses Tertium ist für mich die göttliche Dimension. Ich meine damit das Einwirken Gottes in die Schuldverstrickung der Menschen.

Vor dem *„Angesicht Gottes"* sollte das Opfer von Unrecht erfahren dürfen, dass es in seinem Schmerz und in seiner unveräußerlichen Würde gesehen wird, und dies der Ort ist, an dem all die aufgestauten Emotionen abfließen können und seine Seele Frieden findet. Hier darf andererseits aber auch der Täter ein offenes Ohr finden, wenn er seine Schuld erkennt und bekennt. Er darf sich verstanden fühlen in seinem Unwertgefühl und in seiner Scham, aber auch in seiner Angst vor möglicher Vergeltung. Trotz seiner Schuld wird ihm ein neuer Anfang zugesprochen.

Diese von beiden Seiten in Anspruch genommene göttliche Instanz könnte der Garten werden, in welchem – das ist meine Hoffnung – unter behutsamer Pflege die Saat der Versöhnung ausgesät werden und gedeihen kann.

Wo Gott zum Zuge kommt, eröffnet sich dem Menschen die Verheißung, zu einem Ausgleich der durch Schuld und erlittenes Unrecht verursachten Spannungen zu kommen und zu einer versöhnten und lebensbejahenden Balance zurückzufinden. Unübertroffen hat dies Paul Gerhardt in dem Liedvers ausgedrückt: *„Er gebe uns ein fröhlich Herz, erfrische Geist und Sinn, und werf all Angst, Furcht, Sorg und Schmerz ins Meeres Tiefe hin"* (EG 322).

In den biblischen Zeugnissen und in der Geschichte unseres Glaubens leuchtet ein solches Einwirken Gottes immer wieder auf. Es kommt darauf an, dieses wie das Feuer eines Leuchtturms zwischen all den sonstigen Irrlichtern zu identifizieren und sich an ihm zu orientieren, um nicht in den Untiefen menschlicher Überheblichkeit und Angst zugrunde zu gehen.

Aber Achtung, Gott ist kein Joker, den wir einfach hervorziehen könnten, damit wir durch eine billige Vergebungszusage aus dem Teufelskreis heraushüpfen könnten! In den eben geschilderten Auswegen, die wir gerne wählen, um uns dem unmissverständlichen Anspruch des Vergebungsgebotes zu entziehen, haben wir gesehen, dass Gott auch als Marionette menschlicher Interessen und Ängste missbraucht werden kann.

Das darf nicht passieren. Doch genau das geschieht, wie wir gesehen haben, bereits in vielen biblischen Zeugnissen und nachfolgend dann natürlich auch in der Geschichte unseres Glaubens.

Eine echte dritte Instanz kann Gott für uns nur sein, wenn es eine Begegnung mit dem souveränen und unabhängigen Gott ist, von dem wir uns kein Bild, d.h. auch keine Projektion, machen sollen, der uns gleichwohl als ein liebender Gott ganz nah sein will.

C. Biblische Beispiele

1. Joseph

Für mögliche Versöhnung gibt es ein wunderbares Beispiel am Ende der bereits erwähnten Josephsgeschichte (Gen. 50,15ff), nachdem die Brüder mit ihren Familien und dem greisen Vater Jakob endlich eine neue Bleibe im fruchtbaren ägyptischen Nildelta gefunden hatten. Für sie ist die Geschichte noch nicht zu Ende. Trotz Happy End nagen in ihnen noch Angst und Schuldgefühle. Einen Satz haben sie nämlich von Joseph noch nicht gehört: *„Ich habe euch vergeben"*. Sie fühlen: Erst wenn volle Vergebung da ist, ist alles wieder gut, werden sie und ihre Familien ohne Angst im Land weiterleben können. Irgendwann muss doch auch der Augenblick kommen, dass das Wort von Joseph ausgesprochen wird: *„Ich vergebe euch, was ihr mir damals angetan habt."*

Dieser Augenblick war da, nachdem der Vater Jakob gestorben war und alle Bestattungszeremonien abgeschlossen waren. Einen wunderbaren Trick wenden sie an. Sie schieben den toten Vater vor und lassen dem Joseph ausrichten, der Vater habe vor seinem Tod geboten, dass Joseph ihnen vergeben solle. Wirklich genial. Das Wort des Vaters hatte absolutes Gewicht. Man kann ihn aber nicht mehr fragen, denn er ist tot.

Kommt nun diese Antwort von Joseph? Nein – und seine Antwort ist tatsächlich an Aktualität nicht zu überbieten. Er sagt:

„Fürchtet euch nicht! Stehe ich denn an Gottes statt? Ihr gedachtet es böse mit mir zu machen, aber Gott gedachte es gut zu machen … Und er tröstete sie und redete freundlich mit ihnen."

Hier erkennen wir, wie befreiend der vorher erwähnte Ausweg der Verschiebung sein kann, wenn er nicht in die Projektion hinüberkippt. Joseph verzichtet auf Rache, wozu er allen Grund gehabt hätte. Seine Antwort an seine Brüder kleidet er in die rhetorische Frage: *„Stehe ich etwa an Gottes statt?"* Natürlich nicht. Er überlässt vielmehr Gott das Handeln und stellt fest: Er *„gedachte es, gut zu machen."*

Hier erweist sich Gott in seinem wahren Wesen, unvermischt mit unseren Machtinteressen und Vergeltungsbedürfnissen. Sein Handeln an uns ist immer noch sein Schöpfungshandeln. Trotz allem, was Menschen mit seiner Schöpfung anrichten und was sie einander antun, wirkt Gott immer noch hinein in unsere kaputte und sündhafte Welt und handelt wie von Anfang an: *„Gott sah an alles, was er gemacht hatte, und siehe, es war sehr gut" (*1. Mose 1,31).

2. Jesus von Nazareth

Das Wirken Jesu von Nazareth geht in dieselbe Richtung. Auch er vermeidet wie Joseph den Schritt aus der Verschiebung in die Projektion hinein. An seiner Gottesbeziehung wird deutlich, worum es ihm stattdessen geht: um **Hingabe**, um das Einstimmen in den heilsamen Willen Gottes, den er seinen und unser aller „Vater" nennt. Ihm vertraut er die Rätsel seines Lebens an: *„Nicht mein, sondern dein Wille geschehe"* (Lk. 22,42). Und er lädt seine Mitmenschen ein, ihm in diesem Vertrauen zu folgen: *„Denn euer himmlischer Vater weiß, was ihr zum Leben braucht"* (Mt. 6,7). Dieses Vertrauen ist die Keimzelle dessen, was Jesus das *„Reich Gottes"* nennt.

Aufschlussreich scheint mir in dieser Hinsicht Lukas 4,18ff zu sein, als Jesus am Beginn seines öffentlichen Wirkens in Nazareth seinen Auftrag und seine Rolle proklamiert: Er zitiert Jes. 61,1f.: *„Der Geist des Herrn ist auf mir, weil er mich gesalbt hat, zu verkündigen das Evangelium den Armen. Er hat mich gesandt, zu predigen den Gefangenen, dass sie frei sein sollen, den Blinden, dass sie sehen sollen und den Zerschlagenen, dass sie frei und ledig sein sollen, zu verkündigen das Gnadenjahr des Herrn."*

„Danach schloss er das Buch", heißt es bei Lukas. Das Ursprungszitat geht bei Jesaja jedoch weiter: *„... und einen Tag der Vergeltung Gottes, zu trösten alle Trauernden ..."*

Bei Jesaja gehört zum Trost offenbar noch die Projektion, der zutiefst menschliche Wunsch, Gott möge an den Übeltätern das Unrecht vergelten, das sie den Trauernden zugefügt haben. Jesus jedoch braucht das nicht mehr. Er schließt das Buch. Für den Vater Jesu Christi ist unser natürliches Bedürfnis nach Ausgleich und Vergeltung offenbar keine Option mehr. Die **vertrauensvolle Hingabe in den Willen Gottes** hat nach der Überzeugung Jesu die Kraft, den menschlichen Drang nach Ausgleich und Vergeltung zu befrieden. Der Bann des Bösen ist gebrochen. Der Teufelskreis hat seine Macht verloren.

Am deutlichsten kommt das zum Ausdruck in der Bitte Jesu am Kreuz für seine Peiniger: *„Vater, vergib ihnen; denn sie wissen nicht, was sie tun"* (Lk. 23,34). Jesus knüpft diese Bitte noch nicht einmal an die Voraussetzung, dass der Übeltäter seine Tat erkennt und bereut. Das wenigstens sollte er nach unserer Erwartung doch tun! Er spielt andererseits aber auch nicht einen huldvollen, der Welt entrückten Heiligen, der vom Kreuz herab gnädig die Absolution erteilt: *„Ich vergebe euch; denn ihr wisst nicht, was ihr tut."* Jesus gibt vielmehr beide, sich und seine Peiniger, d. h. das Opfer und die Täter gleichermaßen, bedingungslos in die Hände seines barmherzigen Vaters. Dort sind sie beide nach seiner Überzeugung gut aufgehoben.

D. Hingabe an die göttliche Barmherzigkeit

Ob nun Opfer oder Täter, lediglich auf horizontaler Ebene werden beide, davon bin ich überzeugt, einen Weg zur Vergebung und Versöhnung nur schwer schaffen. Das erleben wir besonders schmerzlich in den vielfältigen gut gemeinten Versuchen – insbesondere im politischen Raum, in entsprechenden Wahrheitskommissionen einen institutionell organisierten Opfer-Täter-Ausgleich zu erwirken.[x] Ich glaube, dass wir schon von unserer Natur her keinen wirklichen Frieden untereinander schaffen können. Denn ein harmonisierender Ausgleich, eine 100%ige Wiedergutmachung in dem Sinne, als wäre die böse Tat nicht geschehen, wird und kann es nie geben. Immer bleibt eine Differenz, ein Schmerz, eine unausgeglichene Seele zurück. Immer besteht das Risiko, dass der Vergeltungsmechanismus mit seinen verhängnisvollen Folgen neu gezündet wird. Ohne den Bezug auf eine das System transzendierende dritte Instanz – für uns Christen: ohne die Hingabe an die göttliche Barmherzigkeit – ist darum wirkliche Versöhnung, d.h. ein echter Neuanfang, weder für die Opfer noch für die Täter von Unrecht möglich. Mit diesem Bezug kann jedoch das Opfer einer bösen Tat frei werden vom Zwang, Genugtuung zu suchen durch die Bestrafung des Täters. Und der schuldig gewordene Täter kann im Erschrecken über sein schuldhaftes Versagen frei werden durch den göttlichen Zuspruch der Vergebung, wenn er sie denn annimmt.

E. Das VATERUNSER: Schritte zu echter Vergebung

Jesus hat uns im Vaterunser den Weg zu dieser Barmherzigkeit Gottes gewiesen – und zwar Schritt für Schritt.

Das Vaterunser beschreibt den Lernprozess der Vergebung.

1. Schritt: *„Vater unser im Himmel, geheiligt werde dein Name“.*

Zuerst geht es darum, das Tertium, die göttliche Dimension, überhaupt in unser Leben hinein zu nehmen, indem wir Gott anrufen: „Vater unser im Himmel“ und seine absolute Autorität über unser Leben anerkennen: „... geheiligt werde dein Name.“

2. Schritt: *„Dein Reich komme. Dein Wille geschehe, wie im Himel, so auf Erden.“*

Darin drückt sich die erwartungsfrohe Hoffnung aus, dass die Wirklichkeit Gottes, sein *Reich*, auf unserer Erde manifest werden kann durch die Hingabe in seinen Willen.

3. Schritt: *„Unser tägliches Brot gib uns heute.“*

Diese Bitte beschreibt das Zutrauen in Gott, dass er uns das Lebensnotwendige für den Leib, für unsere physische Existenz, bereithalten will.

4. Schritt: *„Vergib uns unsere Schuld.“*

Danach geht es um das Lebensnotwendige für unsere Seele. Das drückt sich aus in der Bitte an Gott, frei zu räumen, was der Beziehung zum barmherzigen Vater im Wege steht: *„Vergib uns unsere Schuld."* Diese Bitte legt Jesus allen Menschen auf; denn alle bedürfen, dass die Beziehung zum barmherzigen Gott immer wieder neu hergestellt bzw. bereinigt wird; denn keiner geht schuldlos durchs Leben.

Essentiell ist diese Bitte aber für diejenigen, die vom Leben so gezeichnet wurden, dass sie jegliches Vertrauen zu anderen, zu sich selbst und auch das Grundvertrauen in die *„Güte des Lebens"* (Steffensky) verloren haben: Menschen, die Gewalt erlitten haben, die an Leib und Seele gedemütigt, missbraucht und traumatisiert wurden, die durch die Schuld anderer zu Opfern wurden. Auch sie sollen nach Gottes Willen vom Bann des Bösen befreit werden und neue Lebenshoffnung finden. Gerade ihnen schenkt Jesus in der nun folgenden Aussage des Vaterunsers seine besondere Aufmerksamkeit:

5. Schritt: *„... wie auch wir vergeben unseren Schuldigern."*

Zwar mutet Jesus allen Betenden die Verknüpfung des göttlichen Vergebungshandelns mit ihrer eigenen Vergebungsbereitschaft zu. Doch besonders für diejenigen, die unter dem ihnen angetanen Unrecht leiden, ist das der entscheidende Schritt auf dem Weg zu ihrer Befreiung: dann nämlich, wenn sie den Mut haben, sich zu der aufrichtigen Zusage durchzuringen: *„... wie auch wir vergeben unseren Schuldigern."* Jesus weiß, dass dies nicht leicht ist. Doch er traut ihnen zu, dass sie es können. Wie sonst hätte er Petrus auffordern können, „nicht siebenmal, sondern siebenmal siebzigmal" seinen Mitmenschen die Schuld zu vergeben. Im Vertrauen auf Gottes grundlegende Barmherzigkeit können die unter Unrecht Leidenden es lernen, ihrerseits auf Rache und Vergeltung zu verzichten. Genau das ist die Pointe des sog. Gleichnisses vom *„Schalksknecht"*, das Matthäus unmittelbar nach Jesu Aufforderung an Petrus überliefert (Mt. 18, 21ff).

Bemerkenswert ist, dass umgekehrt vom Täter nicht gefordert wird, aktiv auf die Opfer seines Unrechts zuzugehen und sie um Vergebung zu bitten.[xi] Jesus scheint zu wissen, dass einem Menschen, der gezeichnet ist von dem ihm zugefügten Unrecht, nicht auch noch eine Vergebungsleistung gegenüber dem Täter abverlangt werden darf, weil dieser ihn darum bittet. Das macht schon deswegen keinen Sinn, weil die Opfer von Unrecht oft schon tot sind. Wie hätte denn Kain seinen Bruder Abel noch um Vergebung bitten können? Es war vielmehr die Barmherzigkeit Gottes, die ihm das Weiterleben möglich machte. Entsprechend zielt die dem Petrus zugemutete Vergebungsbereitschaft nicht auf eine Vorleistung gegenüber denen, die ihm Unrecht angetan haben. Vielmehr geht es bei der Bereitschaft, den Schuldigern zu vergeben, um die Befreiung der eigenen Seele aus der Gefangenschaft quälender und traumatisierender Unwert- und Vergeltungsgefühle.

Dasselbe gilt auch in Bezug auf die vielen Menschen, die als Opfer der Nazidiktatur und des Krieges ums Leben kamen. Man konnte sie nicht mehr um Vergebung bitten. Manche Täter aus unserer Elterngeneration, leider nur wenige, haben ihre Schuld nicht verdrängt, sondern erschüttert inne gehalten und sie eingestanden, wie z.B. ein mir persönlich bekannter Pastor. Er erzählte mir, wie er im 2. Weltkrieg *„zum Mörder an einem russischen Soldaten“* wurde. *„Ich habe ihm ins Gesicht geschaut, die Angst in seinen Augen gesehen und trotzdem abgedrückt.“* Er wusste, dass er mit dieser Schuld würde leben müssen bis zu seinem Tod. Wen außer Gott hätte er um Vergebung bitten sollen? Aber im Vertrauen auf ihn konnte er auch lernen, mit seiner Schuld zu leben und wieder ein fröhlicher Mensch zu werden. Entscheidend war für ihn, seine Schuld öffentlich zu bekennen. Damit hat er einen wichtigen Beitrag geleistet zur Versöhnung zwischen den ehemaligen Kriegsgegnern.

In ähnlicher Weise hat auch ein ehemaliger Pastor aus Ahrensburg sich öffentlich zu den ihm vorgeworfenen Taten des sexuellen Missbrauchs bekannt und seine Reue zum Ausdruck gebracht. Sein Schuldbekenntnis wurde u.a. im *Hamburger Abendblatt* abgedruckt.[xii] Darin erklärt er sich auch bereit, sich im vertraulichen Rahmen den Opfern seiner „sexuellen Übergriffe" zu Gesprächen zu stellen. Er schrieb u.a.: *„Was ich damals getan habe, kann ich nicht ungeschehen machen, Vergebung kann ich von den Betroffenen nicht erwarten. Ich lebe mit der Schuld. Ich hoffe auf den vergebenden Gott."* Im persönlichen Anschreiben an die Opfer formulierte er noch deutlicher: *„Ich kann nur von Herzen hoffen und beten, dass Sie einen persönlichen Weg finden, der Ihnen hilft, von der zerstörerischen Macht meiner vergangenen Taten frei zu kommen. Ich werde lernen müssen, mit meiner Schuld zu leben. Ich hoffe, dass mein Vertrauen auf Gottes Liebe und seine Vergebung mir dazu die Kraft gibt."*

Die Reaktion auf dieses Schuldbekenntnis war, dass es von kaum jemandem ernst genommen wurde. Meist wurde es ignoriert oder von vornherein als unglaubwürdig abgetan und entwertet. Darüber hinaus erntete der Täter von allen Seiten Verachtung, Häme und neue Vorwürfe gegen sich. Was aber, wenn er es ernst gemeint hat und sich dieses Schuldbekenntnis von seiner zutiefst erschütterten Seele abgerungen hat?

Ich halte es für beschämend, dass frühere Kolleginnen und Kollegen des Täters diese Möglichkeit in keiner Weise erwogen haben. Sie taten sich stattdessen bei der Verunglimpfung dieses Bekenntnisses und der Demütigung des Täters in besonderer Weise hervor. Offenbar scheinen die im ersten Teil genannten Mechanismen der inneren Abwehr des Vergebungsgebotes auch hier eine Rolle zu spielen. Die „frohe Botschaft“ des Evangeliums weist jedoch in eine andere Richtung.

Es gilt uneingeschränkt: Solange die Opfer leben und unter dem ihnen angetanen Unrecht leiden, ist es für einen möglichen Versöhnungsprozess unabdingbar, dass der Täter bzw. das Täterkollektiv[xiii] das Unrecht anerkennt, eingesteht und bereut. Darüber hinaus, dass die Opfer spüren, dass sie von denen, die ihnen zur Seite stehen, mit liebevollen Augen gesehen werden – sowohl in ihrem Schmerz und in der Tiefendimension des ihnen zugefügten Traumas, als auch in ihrer unantastbaren Würde. Schließlich, dass ihnen kein Mensch, schon gar nicht der Täter, die moralische Last auferlegen darf, ihm vergeben zu sollen.

Vielmehr ist es für die Opfer um ihrer selbst und ihres eigenen Heilungsprozesses willen wichtig, dem Täter zu vergeben, wenn sie dazu die Kraft haben. Die Bereitschaft zu vergeben, bedeutet für sie nämlich, einen eigenen aktiven Schritt aus ihrer Verbitterung über das ihnen zugefügte Unrecht zu wagen, einen ersten Schritt auf dem Weg zur Versöhnung. Gelingt dies nicht, besteht die Gefahr des Rückfalls in den Teufelskreis von Schuld und Unrecht.[xiv] Paul Young hat m. E. Recht, wenn er in seinem populären Roman *„Die Hütte"* Gott sagen lässt: *„Vergebung ist in erster Linie heilend für den, der vergibt."*[xv]

Genau damit ist auch die Perspektive christlich seelsorglicher Arbeit mit den Opfern schuldhaften Unrechts aufgezeigt. Nicht die Verfestigung und Bestätigung der Opferrolle, nicht die Unterstützung verständlicher Vergeltungswünsche kann das Ziel seelsorglicher Begleitung sein. Vielmehr geht es darum, bei allem Verständnis und Mitgefühl für das zugefügte Leid, ohne jeden direktiven Druck die Tür zu öffnen zu einem durch das Evangelium gewiesenen Raum der Versöhnung und Hoffnung. Dieser Ansatz eröffnet die Chance der Befreiung aus den durch Unrecht und Schuld entstandenen Rollenzuschreibungen.

Für den Täter wiederum mag es zwar eine große Hilfe sein, wenn er erfährt, dass das Opfer seiner Schuld ihm vergeben hat, doch letztlich ist er nicht von dessen Vergebung abhängig. Seine Befreiung hängt am Freispruch Gottes und nicht an der Absolution des Opfers.

Wenn ein Betroffener es aber ernst meint mit seiner Bereitschaft, dem Täter zu vergeben, bedeutet das für ihn den Abschied von der Opferrolle. In der Regel schafft er es nicht allein. Es bedarf eines befreienden Wortes von außen, einer Vertrauensperson oder einer inneren Stimme von weither – der Stimme Gottes? Denn beide, sowohl der schuldig gewordene Täter, als auch das Opfer bedürfen einer Absolution, einer Stimme, die ihm oder ihr autoritativ und glaubwürdig zusagt: *„Du bist frei vom Fluch der bösen Tat. Du bist nicht dazu verdammt, ein passiv leidendes Opfer oder als Täter des Bösen ein lebenslänglich Gefangener deiner Schuld zu bleiben. Du kannst von nun an ein selbstbewusster Täter des Guten sein"*, nämlich ein Täter der Barmherzigkeit, ganz im Sinne der biblischen Mahnung: *„Seid Täter des Wortes und nicht Hörer allein"* (Jak. 1,22).

Es gibt mancherlei Beispiele, dass auf diesem Weg der Bann des Bösen gebrochen und die Ketten des Teufelskreises von Untat und Vergeltung zerschlagen werden konnten.[xvi]

6. Schritt: *„Führe uns nicht in Versuchung, sondern erlöse uns von dem Bösen."*

Doch für die Opfer ist genau das die große Versuchung, sich selbst nur noch als Opfer zu sehen und sich in dieser Rolle einzurichten. Denn für sie ist es oft bequemer und hin und wieder sogar mit gesellschaftlicher Anerkennung und anderen Vorteilen verbunden, die einmal erlittene Kränkung weiter zu pflegen, als sich der Zumutung zu stellen, aus der Opferrolle auszusteigen und ein neues Leben zu beginnen. Nach meiner Überzeugung ist es kein Zufall, dass im Vaterunser unmittelbar im Anschluss an die Vergebungsthematik die Bitte folgt: *„Führe uns nicht in Versuchung, sondern erlöse uns von dem Bösen."*

Auch Christen stehen in der Versuchung, dass sie – durchaus tief erschüttert von dem geschehenen Unrecht – als wohlmeinende Gefangene ihres Helfersyndroms an der Schraube des Teufelskreises weiter drehen. Das geschieht vor allem dann, wenn sie als selbst ernannte oder berufene Opferfunktionäre diese dem öffentlichen Bedauern und entsprechend die Täter der öffentlichen Empörung preisgeben.

Die Gefahr besteht, dass Opfer und Täter dadurch lebenslänglich stigmatisiert und in ihrer Rolle eingekapselt werden (*„einmal Täter/Opfer, immer Täter/Opfer"),* ganz zu schweigen von der Gefahr von Übergriffen eines aufgehetzten Mobs gegenüber dem Täter.

Ich habe den Eindruck, dass solche vermeintlichen Helfer letztlich nur ihre eigene narzisstische Bestätigung suchen. In Wirklichkeit werden sie dadurch jedoch unbewusst zu willfährigen Anwälten einer gnadenlosen Vergeltungsgerechtigkeit. Eine Folge davon ist oft, dass sich Täter immer weiter in die Enge getrieben fühlen. Weil diese in der Regel keine Helden sind, die den Mut haben, ihre Taten zu bekennen, sehen sie sich veranlasst, sich und ihre Tat zu verstecken, zu verleugnen, die Flucht anzutreten und/oder sich selbst zum unschuldigen Opfer böser

Intrigen zu stilisieren. Der Weg der Vergebung ist damit verbaut und die Fronten sind klar: Jeder weiß, wo die Guten und wo die Bösen sind. Die Bösen sind dann immer die anderen. Nicht umsonst schreibt Jesus uns allen ins Gewissen: *„Wer unter euch ohne Sünde ist, werfe den ersten Stein“* (Joh. 8,7).

F. Konsequenzen für kirchliches Handeln gegenüber Opfern und Tätern von Unrecht

Es ist so wichtig, dass die Vertreter unserer Kirchen bereit sind, den Betroffenen, ohne sie zu bedrängen, behutsam beizustehen und sie zu ermutigen, wenn diese erwägen, das zu tun, wozu sie sich schon so oft im Gebet bereit erklärt haben, nämlich: ihren Schuldigern zu vergeben.

Das schließt ein, dass ohne Verklemmung, Vertuschung und Verharmlosung konkrete Schuld benannt wird. Wenn ein möglicher Straftatbestand tangiert ist, lässt sich eine öffentliche Erörterung des Unrechts oft nicht vermeiden. Umso mehr ist es dann kirchliche Aufgabe und seelsorgliche Verantwortung, den Maßstab der Barmherzigkeit Gottes in die kirchliche Verkündigung und in die Aufarbeitung von Schuld einzubringen. Das heißt u.a.: Das Seelsorgegeheimnis ist zu hüten und darauf zu achten, dass die Betroffenen im Zuge der öffentlichen Auseinandersetzung über das Unrecht vor der Gefahr einer Retraumatisierung geschützt werden. Außerdem, dass nicht neue unschuldige Opfer in Mitleidenschaft gezogen werden, etwa Familienangehörige der Täter.

Darüber hinaus ist ihnen mit allen nur möglichen Maßnahmen der Hilfe und Aufarbeitung beizustehen – mit dem Ziel, dass sie frei werden vom Bann der bösen Tat. Es sei zugegeben, dass das durchaus die erklärte Absicht meiner Kirche ist in der Aufarbeitung der Missbrauchstaten.

Barmherzigkeit gilt es aber auch gegenüber den Tätern zu üben. Auch ihre bleibende Würde als Ebenbild Gottes ist zu achten. Das betrifft die öffentliche Aufarbeitung der Tat genauso, wie die von der Öffentlichkeit zumeist ignorierten Bedingungen strafrechtlicher Sanktionen, etwa in den Gefängnissen unseres Landes. Das gilt insbesondere dann, wenn Täter unter ihrer Schuld leiden und sie eingestanden haben. Wo denn sonst, wenn nicht in einer Kirche Jesu Christi darf und soll man mit der Möglichkeit rechnen, dass ein Sünder aufrichtig Buße tun und umkehren will? Wo, wenn nicht in einer kirchlichen Gemeinschaft, sollte er wieder neu willkommen geheißen werden?

Das Beispiel des barmherzigen Vaters, der seinen scheinbar verlorenen Sohn wieder mit Freuden bei sich aufnimmt, spricht für sich, und auch das Wort Jesu, dass die Freude im Himmel größer sei *„über einen Sünder, der Buße tut, als über neunundneunzig Gerechte, die der Buße nicht bedürfen“* (Lk. 15,7). Ich habe meine Zweifel, ob sich unsere Kirche dieser Herausforderung hinreichend bewusst ist.

Schluss: Gottes Barmherzigkeit befreit zu neuem Leben

Im Vertrauen darauf, dass die aufrichtige Bitte um Vergebung unserer Schuld uns allen den Weg frei räumen kann zu Gottes Barmherzigkeit, können beide, die zuvor in gegenseitiger Verstrickung aufeinander bezogenen Täter und Opfer, einen Weg aus dem Teufelskreis finden. Beide können mit Paulus bekennen: *„Gott hat alle in den Ungehorsam eingeschlossen, damit er sich aller erbarme“* (Röm. 11,32). Deswegen wäre das für mich passende Symbol der Umkehr zur Barmherzigkeit Gottes nicht die Asche, das Zeichen der Zerknirschung, sondern viel eher das Salz in Erinnerung an die Aufforderung Jesu, was wir sein sollen: *Salz der Erde*. Das kann meinetwegen auch Streusalz sein, das die tiefgefrorene Liebe in unseren erkalteten Seelen wieder auftaut und zum Fließen bringt, Streusalz, das uns und andere vor dem Ausrutschen auf dem glatten Eis gegenseitiger Vergeltung bewahrt – umweltverträgliches Streusalz, natürlich.

Wenn dann trotzdem einer hinfällt, ist es unsere Aufgabe, dem Gestrauchelten wieder aufzuhelfen. Damit dann beide, der Gestürzte und sein Helfer, aufrecht weiter gehen können, ermutigt von den Worten Jesu: *„Seht auf und erhebt eure Häupter, weil sich eure Erlösung naht“* (Lk. 21,28).

Anmerkungen

[i] *„Wie? Auch wir vergeben unseren Schuldigern?“ Mit Schuld leben*; Titel eines Sammelbandes mit verschiedenen Aufsätzen zum Thema von Jürgen Ebach, Hans-Martin Gutmann, Magdalene L. Frettlöh, Michael Weinrich; Gütersloher Verlagshaus.

[ii] Das gilt insbesondere auch dann, wenn Täter zwar nach rechtsstaatlichen Kriterien verurteilt wurden, dann aber der nachfolgende Strafvollzug alles andere als die Achtung der Menschenwürde gewährleistet, sondern die Schuldigen einer oft gnadenlosen Gefängnishierarchie ausliefert. Besonders Missbrauchstäter werden dort oft unsagbaren Demütigungen ausgesetzt.

[iii] Z.B. Ps. 130,3f.: „So du willst, HERR, Sünden zurechnen, HERR, wer wird bestehen? Denn bei dir ist die Vergebung, dass man dich fürchte.“

[iv] Jedoch bitte ich, dabei zu berücksichtigen, dass Abwehrmechanismen auch eine wichtige positive Funktion haben. Sie schützen die Seele vor Überforderungen, die sie ansonsten zerstören könnten.

[v] Aktuelles Beispiel ist das Verhalten von Uli Hoeneß.

[vi] Gottesvergiftung, Suhrkamp Taschenbuch, 1980,

[vii] So in der ZEIT vom 25. November 2013.

[viii] So der Münchner Gefängnisgeistliche Felix Walter am 23.03.2014 in der Ev. Zeitung, S. 2.

[ix] Genau das erleben wir zur Zeit in der Ukraine.

[x] Siehe unter Wikipedia: *Wahrheitskommission*.

[xi] Die Forderung Jesu an Petrus, *nicht nur siebenmal, sondern **sieben mal siebzigmal*** (Mt. 18,21ff) den Schuldigern zu vergeben, bedeutet ja nicht die Aufforderung an ihn, allen, die ihm was Böses angetan haben und in Zukunft antun wollen, hinterher zu laufen und ihnen

seine Vergebung anzubieten. Dass das nicht gemeint ist, macht ebenfalls das nachfolgende sog. Gleichnis vom *„Schalksknecht“* deutlich. In Wirklichkeit ist das Ansinnen Jesu an Petrus der befreiende Zuspruch: Deine Bereitschaft zu vergeben, ist die dankbare Antwort darauf, dass Gott dich befreit hat und immer wieder von neuem befreien will von der Fixierung auf die dir zugefügten Verletzungen. *Sieben mal siebzig Mal zu vergeben* heißt: Du wirst vielleicht weiter unter den Folgen des dir angetanen Unrechts leiden – etwa dass du dein Kind durch die Schuld eines anderen verloren hast. Doch dieser Schicksalsschlag muss dich nicht auf Dauer herunterziehen. Indem du bereit bist, dem anderen zu vergeben, tust du einen entscheidenden Schritt zu deiner Befreiung.

[xii] Hamburger Abendblatt, 10.12.2010.

[xiii] Bzw. der oder die amtlich berufenen und anerkannten „Taterben“, selbst wenn diese persönlich unschuldig bzw. unbeteiligt an der Tat sind. Ein eindrückliches Beispiel dafür ist der Kniefall Willi Brandts vor dem Mahnmal des Warschauer Gettos. Er tat dies aufgrund seiner durch das Kanzleramt gegebenen Stellvertretungsautorität für das deutsche Volk.

[xiv] Siehe auch Geiko Müller-Fahrenholz: „Die zerstörerische Gewalt, welche die Schuld in unserer Welt besitzt, wird aus der Perspektive derer, die ihre Opfer und Leidtragenden sind, überdeutlich. Der mächtige Schatten der Schuld ist die Kränkung; und die gewalthaltigen Ausgeburten der Kränkung produzieren wiederum neu Schuld“, in: *Heimat Erde, Christliche Spiritualität unter endzeitlichen Lebensbedingungen,* S. 223.

[xv] Paul Young, in: *Die Hütte – Ein Wochenende mit Gott.* Allegria, Berlin 2009. Im Übrigen sei dieser Roman allen zur Lektüre empfohlen, die nach dieser eher nüchternen Reflektion eine Reise durch die emotionalen Abgründe des Themas *Vergebung* auf sich nehmen wollen – bis hin zu einer aufwühlend beglückenden Auflösung am Ende.

Der Roman ist ein *Zumutung des Glaubens* im doppelten Sinn: Provokation und Ermutigung.

[xvi] In dem großartigen Film „Good Will Hunting" (mit Matt Damon und Ben Affleck) erfährt der geniale aber auch verwahrloste und gewalttätige Jugendliche Will, ein Täter und Opfer gleichermaßen, eine solche Absolution und damit den Durchbruch zu einem neuen sinnerfüllten Leben durch den immer wieder eindringlich vorgebrachten Zuspruch seines Therapeuten (großartig gespielt von Robin Williams): *„Du kannst nichts dafür, du kannst nichts dafür."*

Ein weiteres Beispiel für die befreiende Wirkung von Vergebung wird nach einer wahren Begebenheit in dem Kinofilm „Philomena" geschildert, als die Protagonistin, deren Sohn fünfzig Jahre zuvor als vierjähriges Kind von den Nonnen eines irischen Klosters zur Adoption nach Amerika verkauft wurde, als alte Frau in dieses Kloster zurückkehrt. Nachdem sie mithilfe eines Journalisten das Schicksal ihres Sohnes und die Verbrechen des Klosters an den ihnen anvertrauten „gefallenen Mädchen" und ihren Kindern aufgedeckt hat, kann sie einer in ihrer gnadenlosen Frömmigkeit verbitterten und für diese unmenschlichen Praktiken verantwortlichen Nonne zusprechen: „Ich vergebe dir." Ihre dadurch wiedergefundene innere Freiheit ist überwältigend.

Der kürzliche Fund von über 800 Kinderleichen auf einem Friedhof neben dem irischen Kloster Tuam, einem sog. „Magdalenenheim" für „gefallene Mädchen", offenbart die erschreckende Aktualität des Filmes.